Tristan Demers

Gargouille

MAGICIEN

32 TOURS FACILES

En collaboration
avec Frédéric Desmarais

Nous remercions le Conseil des
Arts du Canada de l'aide accordée
à notre programme de publication
et la SODEC pour son appui
financier en vertu du Programme
d'aide aux entreprises du livre
et de l'édition spécialisée.

Nous reconnaissons l'aide financière
du gouvernement du Canada par
l'entremise du Programme d'aide
au développement de l'industrie
de l'édition (PADIÉ) pour nos
activités d'édition.

Gouvernement du Québec – Programme
de crédits d'impôt pour l'édition
de livres – Gestion SODEC

Design de la page couverture: Bruno Ricca

Diffusion au Canada
Diffusion Dimedia inc.

2ᵉ édition

© 1995 Éditions Mille-Îles
© 2006 Tristan Demers et les éditions Mille-Îles
Montréal (Québec) Canada

Dépôt légal – 4ᵉ trimestre 2006
Bibliothèque et Archives nationales du Québec
Bibliothèque et Archives Canada

ISBN-10: 2-920993-99-2
ISBN-13: 978-2-920993-99-0

Loi 49-956 du 16 juillet 1949 sur les
publications destinées à la jeunesse.

Imprimé au Canada sur les presses
de Marquis Imprimeur

Les magiciens et illusionnistes nous ont toujours fascinés. Un de mes bons amis, le grand Fredo, a accepté de me livrer certains de ses secrets lorsque je lui ai parlé de l'idée de faire ce livre. Il avait justement ton âge quand il a commencé à faire ses premiers spectacles de magie!

Je suis heureux de te dévoiler ici 32 tours simples à réaliser avec, comme seuls matériaux, des articles faciles à trouver chez toi (cordes, balles, cartes, tubes, etc.) Ne t'en fais pas, tu n'auras pas besoin d'élever des lapins dans ta chambre!

Je te propose aussi des idées de bricolage et quelques conseils utiles afin de devenir un as de la magie!

Amuse-toi bien!

Gargouille
Gargouille

LES SECRETS D'UN BON MAGICIEN

* Pratique d'abord chacun de tes tours devant le miroir et sois très patient.

* Tes parents peuvent être ton premier public. Prends bien en note leurs commentaires afin de pouvoir t'améliorer davantage.

* Avant de faire un spectacle, assure-toi d'avoir tout ton matériel. Sois prêt!

* L'important, c'est d'amuser le public. Déniche une musique d'ambiance originale pour la représentation.

* Crée une petite histoire à chacun de tes tours de magie, ajoutes-y quelques blagues et le spectacle sera plus agréable!

* Sois détendu au moment d'effectuer les tours. Il n'y a rien de plus stressant, pour le public, qu'un magicien nerveux.

* Personne ne doit toucher à ton matériel.

* Ne dévoile jamais un tour de magie, même à ton meilleur ami!

* Enfin, ne fais jamais un tour deux fois devant les mêmes personnes.

Bon spectacle!

LE CHAPEAU

LE MATÉRIEL

* Une bouteille de plastique d'eau de javel, de format 3,6 litres, bien nettoyée
* Du papier de construction noir
* Des ciseaux
* De la colle en bâton
* Du carton très épais, comme celui d'une grosse boîte
* Du ruban gommé
* Une règle
* Un crayon
* Du ruban rouge

LE SECRET

1 Découpe d'abord ta bouteille en deux, dans le sens de la largeur et au bas de la poignée (illustration). Jette la partie supérieure et retourne ce qui te reste à l'envers.

2 Recouvre cette partie de papier noir, avec la colle en bâton. Aide-toi de la règle et des ciseaux pour le faire le mieux possible et mesure la circonférence du dessus de ton chapeau (le fond de la bouteille), afin de bien le recouvrir.

3 Dépose le tout sur ton carton épais et traces-en le contour.

4 Dessine un autre cercle autour de celui que tu viens de faire en laissant environ 5 cm entre les deux. Découpe tout ça afin d'obtenir une sorte de "gros beigne".

5 Recouvre-le lui aussi de papier de construction et insère ta moitié de bouteille au centre de cet anneau. Elle devrait passer tout juste.

6 Colle le rebord à ton chapeau avec le ruban gommé.

7 Décore ton chapeau de magie avec du ruban rouge ou toute autre décoration de ton choix!

LA BAGUETTE MAGIQUE

LE MATÉRIEL

* Une feuille de papier de construction noir
* Du papier blanc
* Du ruban gommé
* Un long crayon
* Des ciseaux

LE SECRET

1 Enroule le papier de construction autour de ton crayon, en partant du côté inférieur gauche de ta feuille, tel qu'illustré.

2 Une fois la feuille enroulée, colles-y un peu de ruban gommé et laisse tomber ton crayon, en soulevant ta baguette à la verticale.

3 Avec tes ciseaux, taille chacun des bouts de la baguette afin de les rendre bien droits.

4 Découpe une bandelette de papier blanc et colle-la à une extrémité de ta baguette.

5 Décore à ton goût la baguette avec du ruban, des autocollants, des brillants, du papier d'aluminium ou d'autres choses.

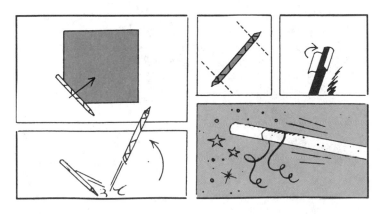

LA CAPE

Voici quelques suggestions pour fabriquer une cape durable, solide et lavable.

* Une grande serviette de plage, que tu attaches avec une épingle de sûreté.

* Un vieux drap, décoré avec des crayons indélébiles, ou avec des étoiles en tissu, cousues.

* Un grand morceau de tissu, ou une vieille nappe, de la couleur de ton choix.

* Un vieux rideau.

* Des grands rubans, attachés à un fil, pour obtenir une cape à franges!

* Si tu es habile en couture, replie, sur une marge de 6 cm, le haut de ton drap ou de ton tissu. Couds-le et glisses-y un joli cordon. Tu pourras ainsi nouer la cape autour de ton cou.

Mini trucs

LE CRAYON MYSTÉRIEUX

LE MATÉRIEL

* Un long crayon ou une paille

L'EFFET

Ayant l'impression que seuls tes pouces retiennent ton crayon, tes amis sont étonnés de le voir tenir tout seul!

LE SECRET

Une simple illusion! En fait, c'est ton petit doigt, et non tes pouces, qui retient vraiment le crayon ou la paille! Il suffit de t'entraîner à installer tes doigts tel qu'illustré, le plus rapidement possible.

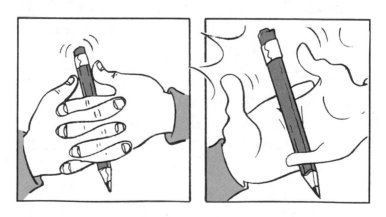

LE RUBAN MAGIQUE

LE MATÉRIEL

* Un ruban
* Une feuille de papier
* Des ciseaux

L'EFFET

Dans une feuille pliée, tu passes un ruban. Même en découpant la feuille, le ruban reste intact!

LE SECRET

1 Prépare d'abord ta feuille de papier. Une fois pliée dans le sens de la largeur, fais-y de petites incisions, tel qu'illustré, du côté de la feuille qui sera vers toi lorsque tu montreras le tour à tes amis.

2 Enfiles-y le ruban, toujours en te basant sur les illustrations, et assure-toi que le public ait l'impression que le ruban est installé au creux de ta feuille pliée.

3 Au moment de couper, passe la lame des ciseaux qui est de ton côté sous le ruban et ne coupe qu'une partie de ta feuille. Tes amis auront l'impression que tu coupes le ruban du même coup.

4 Retire le ruban.

Une fois le tour terminé, camoufle sans tarder ta feuille de papier.

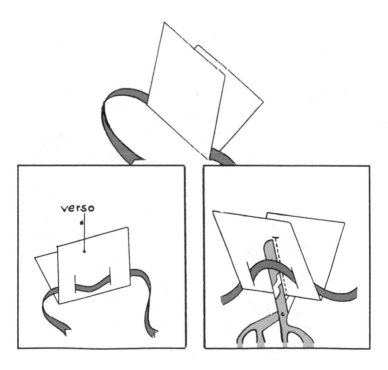

LE NŒUD INSTANTANÉ

LE MATÉRIEL

* Une corde d'environ 60 cm

L'EFFET

Propose à tes amis un défi: comment faire un nœud dans une corde, en tenant un bout dans chaque main, sans jamais la lâcher et le plus rapidement possible?

LE SECRET

Très simple. Croise les bras tel qu'illustré ci-dessous et prends un bout de corde dans chaque main. Décroise les bras et le nœud se formera tout seul!

LES BILLETS VICE VERSA

LE MATÉRIEL

* 2 billets de banque, de valeur différente

L'EFFET

Deux billets de banque se retrouvent inversés après les avoir déroulés sous les yeux de tes amis!

LE SECRET

Ce tour, malgré sa simplicité, provoquera un effet de surprise incroyable! Après avoir placé tes billets tel qu'illustré, (le 2$ sur le 5$, par exemple), enroule-les en les laissant sur la table mais n'oublie surtout pas de faire faire un tour de plus à tes billets. Ainsi, ton 2$ se retrouvera sous le 5$ lorsque tu dérouleras le tout!

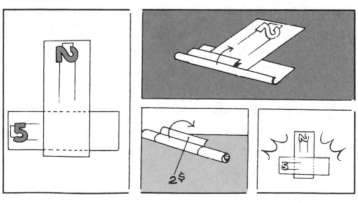

LA PAILLE VOLANTE

LE MATÉRIEL

* Un trombone
* Du ruban gommé
* Une paille

L'EFFET

Une paille vole de gauche à droite, derrière tes mains!

LE SECRET

1 Déplie l'extrémité de ton trombone.

2 Colle-le sur l'ongle de l'un de tes
majeurs, tel qu'illustré.

3 Place tes mains comme pour le tour
du "crayon mystérieux", mais en laissant ton majeur, et non ton petit doigt,
de ton côté.

4 Assure-toi de pouvoir le bouger et
enfile ta paille à l'extrémité de ton
trombone, au bout de ton doigt.

5 Fais bouger ton doigt de gauche à droite, comme si la paille flottait derrière tes mains!

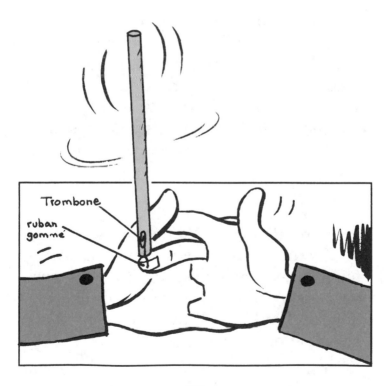

LA PRÉDICTION

LE MATÉRIEL

* 3 enveloppes
* 3 feuilles de papier plus petites que tes enveloppes
* 3 cartons de la grosseur d'une carte à jouer
* Un crayon

L'EFFET

Après avoir présenté 3 cartons sur lesquels est indiqué le nom des personnages de tes B.D. préférées, un(e) de tes ami(e)s en choisit un au hasard. Dans une enveloppe que tu as préparée, le nom du personnage choisi s'y trouve!

LE SECRET

1 Prépare d'abord 3 enveloppes avant d'effectuer le tour. Sur chacune de tes feuilles, inscris le nom de 3 de tes personnages préférés, (ex: Gargouille, Zig Zag et Fouineux!) et insère-les dans chacune des enveloppes.

2 Cache les 3 enveloppes sur toi, dans des poches différentes (dans ton pantalon, ton veston, etc.) et souviens-toi bien à quel endroit se trouvent les enveloppes contenant le nom de chacun des personnages.

3 Dépendant du personnage que l'on te montrera en tournant un des 3 cartons, tu sauras quelle enveloppe aller chercher! Il ne te restera qu'à l'ouvrir et épater tes amis!

* Ne fais jamais ce tour deux fois devant les mêmes personnes, de quoi tuer le secret!

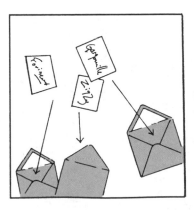 

LA PIÈCE QUI TRANSPIRE

LE MATÉRIEL

* Une pièce de un dollar
* Une petite boule de ouate imbibée d'eau

L'EFFET

Une pièce de monnaie, que tu racontes avoir trouvée dans une flaque d'eau, se trouve imbibée à jamais. La preuve? En la pressant légèrement, elle laisse échapper quelques gouttes d'eau!

LE SECRET

1 Cache entre ton pouce et la pièce la petite ouate imbibée.

2 En appuyant très fort, quelques gouttes tomberont.

3 Donne ensuite la pièce pour inspection, en gardant la petite ouate entre tes doigts.

4 Ce n'est que lorsque tes amis ou tes parents regarderont de près la pièce que tu glisseras la ouate dans ta poche.

LE FOULARD VENU DE NULLE PART

LE MATÉRIEL

* Un foulard d'environ 30 cm²

L'EFFET

Tes mains sont vides… et pourtant,
d'un geste rapide, un foulard apparaît!

LE SECRET

1 Avant de faire le tour, roule le foulard
le plus petit possible et place-le dans le
creux de ton bras.

2 Montre tes mains vides, tel qu'illustré,
à tes amis, et, d'un geste rapide et
brusque, tends les bras!

3 Le foulard volera dans les airs et semblera venir de nulle part!

*Je te suggère de te pratiquer devant le miroir à plusieurs reprises.

LA COULEUR DÉMASQUÉE

LE MATÉRIEL

* 4 ou 5 crayons de cire, de même grandeur et grosseur, de couleurs vives et foncées
* Choisis des couleurs très différentes les unes des autres. Du rouge et du orangé seraient des teintes beaucoup trop rapprochées, par exemple

L'EFFET

Après avoir présenté des crayons à tes amis, tu devines, le dos tourné, lequel d'entre eux ils ont choisi!

LE SECRET

1 Présente à ton public tes crayons de couleur et dépose-les sur une table.

2 Tourne leur le dos, demande-leur de choisir un crayon et de te le mettre dans les mains (elles sont alors derrière ton dos).

3 Une fois le crayon dans tes mains, frottes-en le bout à un de tes doigts (le pouce, par exemple).

4 Au moment de réfléchir à la couleur du crayon, porte ta main à ton front pour simuler la concentration et regarde rapidement la couleur de ton doigt taché.

5 Annonce la couleur devinée et n'oublie surtout pas de faire disparaître cette tache, en la frottant discrètement sur ton pantalon.

L'ENVELOPPE DE MERLIN

LE MATÉRIEL

* Une enveloppe, de format standard
* Une baguette magique (voir page 8)
* Un élastique ou une montre à ton bras
* Porte un chandail à manches longues ou un veston pour faire ce tour

L'EFFET

Tu retires une baguette magique d'une enveloppe visiblement trop petite pour elle!

LE SECRET

1 Avant toute chose, cache dans ta manche ta baguette, retenue par ta montre ou un élastique. Personne ne doit le savoir.

2 Dans la main du même bras, tiens l'enveloppe, ouverte, tel qu'illustré.

3 Retire la baguette, comme si tu passais par l'enveloppe pour aller la chercher... et le tour est joué!

baguette

Place à la magie!

LA CORDE DU FAKIR

LE MATÉRIEL

* Une corde de 60 cm
* 2 cordes de 30 cm chacune

L'EFFET

2 cordes se transforment en une seule!

LE SECRET

1 Fais un nœud aux deux bouts de la longue corde et à un seul des petites. Attache ensuite les autres extrémités à la grande, avec un nœud assez lâche pour que les petites cordes glissent facilement dessus.

2 Réunis ces deux nœuds et cache-les avec tes mains. De cette façon, les spectateurs croiront que tu tiens deux cordes égales.

3 Tire brusquement sur tes nœuds en écartant les bras. Les petites cordes glisseront le long de la grande.

4 Arrête lorsque tu sentiras les nœuds au bout de la grande corde et gardes-y les mains pour les dissimuler.

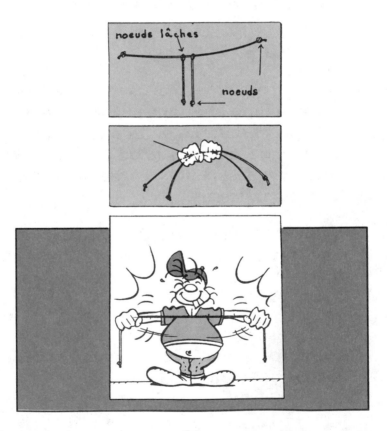

LE DOLLAR DINGUE

LE MATÉRIEL

* Une pièce de un dollar, ou de 25 cents

L'EFFET

Manipule une pièce et fais-la disparaître!

LE SECRET

Il te faudra beaucoup de pratique pour arriver à exécuter ce tour correctement. Sois bien attentif à chacune des étapes ci-dessous et attire toujours l'attention de tes amis sur la main dans laquelle la pièce SEMBLE se trouver.

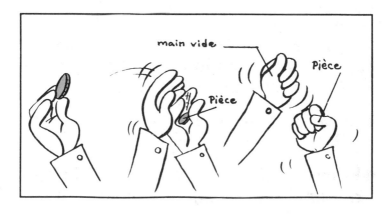

LES BOÎTES CACHOTTIÈRES

LE MATÉRIEL

* Un élastique
* 3 boîtes d'allumettes vides
* Une boîte d'allumettes remplie de cure-dents
* 3 mouchoirs en papier blancs

L'EFFET

Tes ami(e)s sont persuadées qu'une de tes boîtes d'allumettes contient des cure-dents. Tu n'en sors pourtant que des mouchoirs!

LE SECRET

1 Remplis chacune de tes boîtes vides d'un mouchoir.

2 Attache la boîte de cure-dents à l'avant-bras dont tu te sers le plus souvent, en utilisant l'élastique.

3 Enfile un veston, afin de tout camoufler.

4 Prends maintenant une de tes boîtes d'allumettes contenant un mouchoir et agite-la... Tes ami(e)s croient qu'elle est pleine de cure-dents, grâce au bruit que produit ta boîte cachée!

5 Dépose la boîte sur la table, mélange-la aux autres, demande-leur où elle se trouve maintenant. Peu importe la boîte choisie, ce ne sera jamais la bonne, car tu recommenceras toujours le même principe avec chacune des boîtes!

6 Après avoir rendu tes invités complètement dingues, ouvre chacune de tes 3 boîtes d'allumettes. Ils n'y comprendront rien!

7 Ne bouge surtout plus ton bras une fois le tour terminé, afin de ne pas faire de bruit avec les cure-dents.

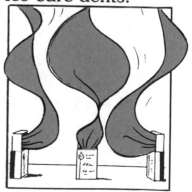

LE DEVIN

LE MATÉRIEL
* Un petit sac de papier
* Des ciseaux
* De la pellicule plastique
* Du ruban gommé
* 4 crayons de couleur

L'EFFET
Tu devines lequel des 4 crayons jetés dans un sac tes amis ont retiré par la suite.

LE SECRET

1 Découpe d'abord un rectangle au bas d'un des côtés les plus larges de ton sac.

2 De l'intérieur, colles-y un rectangle à peine plus grand de pellicule plastique, pour obtenir une petite fenêtre.

3 Présente le sac à ton public, la fenêtre de ton côté.

4 Demande à un volontaire d'y déposer 4 crayons de couleur et mémorise bien leurs couleurs.

5 Après que ton volontaire a retiré un crayon au hasard, regarde discrètement par la fenêtre du sac.

6 Déduis-en quel est le crayon manquant et annonce-le à tes amis!

le rouge!

LE VERRE ÉQUILIBRISTE

LE MATÉRIEL

* 2 cartes à jouer
* Un verre de plastique léger
* Du ruban gommé invisible
* Des ciseaux
* Un crayon
* Une règle

L'EFFET

Tu fais tenir en équilibre un verre sur une carte... debout!

LE SECRET

1 Découpe d'abord la moitié d'une de tes cartes, dans le sens de la longueur. Trace une ligne en t'aidant de la règle pour le faire le mieux possible.

2 Colle cette moitié sur l'endos de ton autre carte de manière que cette carte paraisse intacte, sans doublure (voir l'illustration).

Cette opération doit être faite de façon très minutieuse car on ne doit pas deviner, lorsqu'on regarde le devant de la carte, qu'une autre est collée derrière!

3 Après avoir présenté la carte à ton public, attire l'attention sur le verre. D'une main habile, ouvre ta moitié de carte collée derrière et forme un pied à ta carte intacte.

4 Dépose la carte debout, sur la table, et le verre dessus. Ton public devra être face à toi pour ne pas deviner le truc!

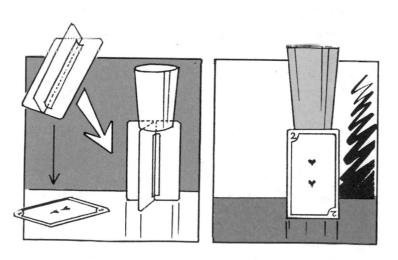

LES TROMBONES AMOUREUX

LE MATÉRIEL

* 2 trombones
* 1 billet de banque
* 1 élastique, format et épaisseur standard

L'EFFET

En dépliant un billet sur lequel tu avais attaché 2 trombones et un élastique, ceux-ci s'agrippent ensemble!

LE SECRET

En fait, le tour s'exécute par lui-même. Il te suffit de suivre attentivement les illustrations ci-dessous. Tout devrait fonctionner et ton public sera ravi!

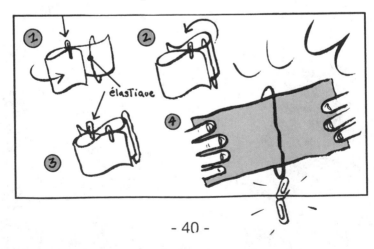

LES CALENDRIERS RUSÉS

LE MATÉRIEL

* Les deux pages suivantes te serviront à faire ce tour

L'EFFET

Un spectateur imagine un chiffre que tu devines sans problème!

LE SECRET

1 Demande à la personne volontaire de choisir un chiffre dans sa tête, entre 1 et 100.

2 Présente-lui ensuite les deux pages suivantes pour qu'elle regarde attentivement chacun des calendriers.

3 Demande-lui de te donner les numéros des calendriers sur lesquels son chiffre se trouve.

4 Additionne, dans ta tête, les premiers chiffres en haut, à gauche de chacun des calendriers qui ont été nommés.

5 Le résultat de cette addition sera exactement le chiffre imaginé au départ par ton ami(e)!

LA BALLE ENTÊTÉE

LE MATÉRIEL

* Un tube de papier essuie-tout
* Une balle de ping-pong, passant tout juste dans le tube
* Du fil
* Des ciseaux
* Du papier d'aluminium
* Du ruban gommé

L'EFFET

Une balle refuse catégoriquement de passer à l'intérieur d'un tube de carton. Elle y reste coincée à moins de la supplier de continuer son chemin! Tes amis seront renversés!

LE SECRET

1 Il est très important de préparer d'abord le tube tel qu'illustré à la première étape.

2 Présente à ton public le tube de carton. Assure-toi de bien retenir, avec ton pouce, le fil dépassant de manière qu'il soit tendu à l'intérieur du tube.

3 En y insérant la balle, elle y restera coincée.

4 Après avoir demandé à la balle d'être gentille, lâche simplement le fil, (en tassant discrètement ton pouce) et la balle traversera évidemment le tube.

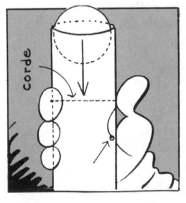
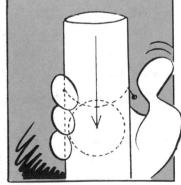

LA SALIÈRE VOLATILISÉE

LE MATÉRIEL

* Une pièce de monnaie
* Une salière
* Du papier essuie-tout
* Pour effectuer ce tour, tu dois être assis derrière une table et personne ne doit être à côté de toi

L'EFFET

Sur une pièce de monnaie, une salière disparaît mystérieusement!

LE SECRET

1 Dépose la pièce sur la table et explique à tes ami(e)s qu'elle a le pouvoir d'absorber les objets.

2 Ajoute la salière sur la pièce puis recouvre le tout d'une feuille de papier essuie-tout.

3 Ramène la salière enveloppée entre tes mains, au-dessus de tes cuisses en laissant la pièce où elle est. (Ton public aura le réflexe de surveiller la pièce et non le reste.)

4 Laisse échapper la salière sur tes cuisses et assure-toi de conserver la forme de celle-ci entre tes mains.

5 Ramène le tout au-dessus de la pièce, frappe très fort sur ce qui paraît être encore la salière. Elle semblera avoir été absorbée par la pièce de monnaie!

LA POIVRIÈRE ENSORCELÉE

LE MATÉRIEL

* Une poivrière ou une salière, de forme classique et légère, tel qu'illustré
* Un cure-dent

L'EFFET

Une poivrière semble suspendue au bout de tes doigts!

LE SECRET

1 Insère le cure-dent dans un des trous de la poivrière ou de la salière. Assure-toi de pouvoir la soulever facilement, en ne la tenant que par le cure-dent.

2 Place une de tes mains sous la poivrière et l'autre de façon à cacher le cure-dent, entre ton pouce et ton majeur.

3 Retire maintenant la main qui retenait la poivrière. On croira que celle-ci est suspendue au bout de tes doigts!

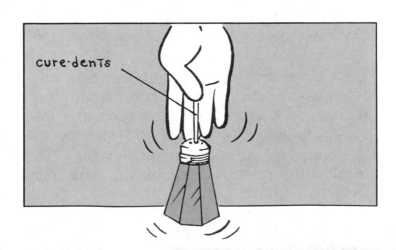

cure-dents

LA FENÊTRE INCROYABLE

LE MATÉRIEL

* 3 feuilles de papier
* Un carton mince
* Une enveloppe
* Des crayons de couleur
* Des ciseaux
* Du ruban gommé

L'EFFET

En passant un carton percé sur des points de couleur, tu devines sur lequel tes amis te diront d'arrêter!

LE SECRET

1 Fabrique-toi d'abord un carton de 8 x 11cm.

2 Découpes-y une petite fenêtre de 3 x 3 cm, tel qu'illustré.

3 Dans une de tes feuilles, découpe un carré de 4 x 4 cm.

4 Illustre ce carré de plusieurs points de différentes couleurs et grosseurs. Assure-toi d'avoir un point rouge plus gros que les autres, et bien en évidence, sur ton espace.

5 Sur une feuille complète, dessine des dizaines de points semblables à ceux que tu viens de faire.

6 Prends la troisième feuille; ne dessine qu'un seul point rouge au milieu et glisse-la dans ton enveloppe. Il s'agit de ta prédiction.

7 Colle ton papier (4 x 4) à l'endos de la fenêtre de ton carton. Prends bien soin de ne le coller que d'un côté pour obtenir une petite porte (illustration).

8 Au moment de présenter ton carton au public, cette porte devra être rabattue pour qu'on ne la voie pas par la fenêtre.

9 Replace-la discrètement vis-à-vis de la fenêtre lorsque tu déposes le carton sur ta feuille illustrée de points. Cache la fenêtre avec tes doigts.

10 Promène ton carton sur la feuille jusqu'à ce que le public te demande d'arrêter.

11 Soulève tes doigts. Un point rouge sera évidemment plus présent que les autres, à travers la fenêtre. Ouvre l'enveloppe: Tu as réussi ta prédiction!

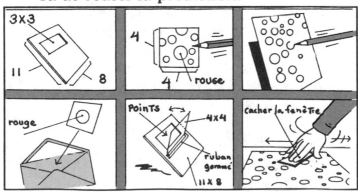

L'ACCROCHE-COL

LE MATÉRIEL

* Une chemise
* Un chandail ou un coton ouaté
* Un complice, parent ou ami(e)

L'EFFET

Tu retires la chemise à un de tes spectateur en moins d'une seconde!

LE SECRET

1 Demande à ton complice de déposer la chemise sur son dos, mais d'attacher le col et les poignets comme s'il avait enfilé le vêtement. Il est important que la chemise ne soit que déposée sur lui et que ses bras ne passent pas dans les manches.

2 Ton ami doit maintenant mettre le coton ouaté par-dessus la chemise. Le public n'y verra que du feu.

3 Invite ton complice à te rejoindre pour participer à un autre tour et demande-lui de se mettre à l'aise.

Il déboutonne alors son col et ses poignets, l'air de rien.

4 Lorsque tu as terminé le tour, remercie-le, agrippe et tire rapidement l'arrière de son col de chemise!

5 La chemise te restera entre les mains, à la grande surprise de tous!

LA CUILLÈRE DU SORCIER

LE MATÉRIEL

* Une petite cuillère

L'EFFET

Tu sembles plier une cuillère aux yeux de tous!

LE SECRET

1 Prend la cuillère et appuie-la contre une table, tel qu'illustré, en prenant soin de cacher le manche avec tes mains.

2 Laisse descendre, derrière tes mains, le manche de ta cuillère et donne l'illusion de forcer, comme si la cuillère se pliait.

3 Une fois la cuillère à plat sur la table, couvre le tout avec tes mains et montre ta cuillère intacte au public!

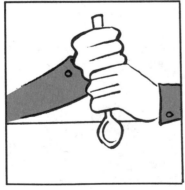 

LA MONNAIE D'UN AUTRE MONDE

LE MATÉRIEL

* 2 pièces de 25 cents
* Un crayon
* Un carton mince de 12 x 8 cm

L'EFFET

Une pièce de monnaie passe à travers un crayon!

LE SECRET

1 Plie ton carton en trois, dans le sens de la largeur. Assure-toi d'obtenir une petite pochette sans fond, tel qu'illustré, et de pouvoir y glisser facilement une pièce de 25 cents.

2 Perce un trou de la grosseur exacte de ton crayon au centre de la pochette.

3 Présente-la des deux côtés, en tenant une de tes pièces dissimulée sous tes doigts.

4 Insère discrètement la pièce dans l'extrémité du bas de ta pochette. N'hésite pas à t'entraîner plusieurs fois afin de le réussir à l'insu de tous.

5 Place le crayon dans le trou et laisse-le là. Retiens avec tes doigts la pièce qui se trouve entre le crayon et l'extrémité du bas de la pochette.

6 Glisse ton autre pièce dans le haut de ta pochette. Elle restera coincée lorsqu'elle rencontrera le crayon.

7 Attends quelques instants et laisse échapper la pièce que tu avais cachée en retirant simplement les doigts! La pièce semblera avoir traversé le crayon!

LE MATHÉMATRUC

LE MATÉRIEL

* 4 bandes de papier
* Un crayon
* 2 calculatrices

L'EFFET

Tu es le roi du calcul et tu devines avant tout le monde la somme de plusieurs chiffres!

LE SECRET

1 Prépare quatre bandes de papier en y inscrivant des chiffres sur chacun des côtés, tel qu'illustré.

2 Remets les quatre bandes à ton amie et demande-lui de les placer l'une à côté de l'autre, sur la table, peu importe dans quel ordre et de quel côté.

3 Le volontaire n'a qu'à regarder chacun des nombres que forment ces chiffres à l'horizontale et les additionner tous ensemble, avec une calculatrice.

4 Pour arriver à la somme de ce calcul avant lui, regarde le deuxième nombre qu'il a à calculer et additionne-le à **22 220**, discrètement, sur ta calculatrice.

5 La réponse sera exactement la même qu'il obtiendra... bien après toi!

9	5	4	2		3	1	6	8
1	0	3	2		8	5	4	7
5	2	8	3		6	4	2	1
4	6	6	9		4	7	7	7
2	7	2	6		7	8	5	4

LE VERRE GOURMAND

LE MATÉRIEL

* 2 feuilles de papier de construction, de même couleur
* Un verre de plastique transparent
* Une pièce de monnaie
* Des ciseaux
* De la colle en bâton
* Un foulard

L'EFFET

Une pièce disparaît sous un verre!

LE SECRET

1 Découpe dans une de tes feuilles un cercle de la même grosseur que l'ouverture de ton verre.

2 Colle-le au verre et assure-toi que rien n'en dépasse. Enlève le surplus de colle au besoin.

3 Au moment d'effectuer ce tour, place sur ton autre feuille, côte à côte, la pièce de monnaie et le verre à l'envers.

4 Cache le verre à l'aide d'un foulard et transporte le tout sur ta pièce.

5 Retire le foulard d'un geste théâtral! La pièce semblera avoir disparu!

LE JEU D'EINSTEIN

LE MATÉRIEL

* Une feuille de papier
* Un crayon

L'EFFET

Tu devines le résultat des calculs de ton ami(e), effectués à partir d'un chiffre choisi au hasard!

LE SECRET

1 Demande à quelqu'un de choisir un chiffre au hasard, de le garder pour lui et de bien le retenir.

2 Il doit multiplier ce chiffre par 2.

3 À la réponse obtenue, un chiffre pair de TON CHOIX doit être additionné. Ce chiffre choisi sera divisé par deux dans ta tête. Cette moitié sera la réponse finale de l'opération.

4 Le spectateur doit maintenant diviser par 2 la réponse à son addition de tout à l'heure.

5 Le résultat, moins le chiffre qu'il avait choisi au départ, devrait te donner la moitié du chiffre que tu lui avais imposé au numéro 3.

6 Annonce ce chiffre et surprends ton public!

EXEMPLE

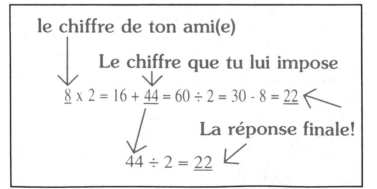

le chiffre de ton ami(e)

Le chiffre que tu lui impose

$\underline{8} \times 2 = 16 + \underline{44} = 60 \div 2 = 30 - 8 = \underline{22}$

La réponse finale!

$44 \div 2 = \underline{22}$

LA CARTE HOUDINI

LE MATÉRIEL

* 2 cartes à jouer, identiques et perforées tel qu'illustré

* Une corde d'environ 50 cm

* Un grand foulard

* Il est préférable de porter un chandail à manches longues ou un veston pour faire ce tour

L'EFFET

Le spectateur enfile une corde dans une carte perforée. Tu réussis à retirer la carte mais le trou est intact!

LE SECRET

1 Avant de commencer, glisse une de tes cartes dans ta manche.

2 Enfile ta corde dans la carte qu'il te reste, demande à la personne volontaire de tenir chacun des bouts de la corde dans ses mains.

3 Cache le tout à l'aide d'un foulard.

4 Sous celui-ci, déchire discrètement la carte traversée de la corde, insère-la dans ta manche vide et retire celle que tu avais caché dans ton autre manche.

5 Assure-toi que la carte déchirée est bien camouflée, retire le foulard et voilà!

carte cachée

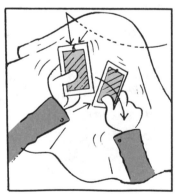

LA DAME "TOURNIQUET"

LE MATÉRIEL

* Les 4 Dames d'un jeu de cartes ordinaire
* Un crayon à pointe fine, de la couleur des traits de contour de tes Dames (Habituellement noir ou bleu)

L'EFFET

Quatre Dames sont présentées à tes amis. Tu devines laquelle d'entre elles a été retournée!

LE SECRET

1 Avant de présenter ce tour, ajoute une pupille à l'œil d'une seule des deux Dames de chacune des cartes. Ton public n'y verra que du feu.

2 Dispose les cartes tel qu'illustré et assure-toi que tes Dames semblent regarder du même côté.

3 Tourne le dos au volontaire.

4 Demande-lui de faire pivoter une des cartes, au hasard (la carte doit faire un demi-tour).

5 Retourne-toi et observe maintenant les cartes. La seule Dame à l'œil redessiné se trouvant maintenant à l'envers sera la carte tournée!

PUPilles

PUPille

PUPilles

LA CARTE SURPRISE

LE MATÉRIEL

* Un élastique, format standard, mais épais
* Du carton blanc, de l'épaisseur d'une carte à jouer
* Des ciseaux
* Une règle
* Des crayons de couleur

L'EFFET

Une fleur disparaît d'une carte sur laquelle elle était dessinée!

LE SECRET

1 Avec la règle, un crayon, les ciseaux et ton carton, fabrique-toi 8 cartes blanches de la grandeur d'une carte d'affaires.

2 Dessine au bas de chacune de tes sept premières cartes un pot de fleurs vide, tel qu'illustré. Assure-toi de les faire tous de la même façon.

3 Découpe dans le sens de la largeur la moitié de ta huitième carte et dessines-y une fleur, en suivant l'illustration.

4 Ajoute ta fleur sur le paquet de cartes, de façon qu'on ait l'impression qu'elle sorte du pot de la carte qui est en dessous.

5 Installe l'élastique autour du paquet. Cet élastique te servira à cacher le joint entre ta fleur et le pot.

6 Présente le paquet à un volontaire et demande-lui de signer sur le pot.

7 Tourne le paquet face à la table et souffle sur lui.

8 Retire la carte signée, en la tirant par la partie où le pot est dessiné. La moitié de carte avec la fleur restera coincée entre l'élastique et le paquet.

9 La carte retirée portera toujours la signature et le pot mais la fleur semblera avoir disparu.

LA MULTI-CARTE

LE MATÉRIEL

* Un carton blanc, un peu plus grand qu'une carte à jouer
* Un crayon de couleur, au choix

L'EFFET

Tu possèdes une carte magique: elle a quatre côtés différents!

LE SECRET

1 Prépare ton carton, en y dessinant des points sur chacune des faces tel qu'illustré ci-dessous.

2 Place tes mains sur chacun des côtés, de façon stratégique, dans une succession rapide.

3 Ta carte paraîtra avoir quatre côtés différents:

Le côté A illustré de 4 points,

Le côté B illustré de 1 points,

Toujours le côté A, mais cette fois avec 6 points et le côté B, enfin, avec 3 points.

LA CARTE DU MAÎTRE

LE MATÉRIEL

* Un jeu de cartes
* Un complice, parent ou ami(e)

L'EFFET

Tu devines laquelle d'une série de cartes a été choisie pendant ton absence!

LE SECRET

1 Avant d'effectuer ce tour, demande à ton complice de s'asseoir à côté de la personne que tu iras voir plus tard.

2 Présente à un spectateur ton paquet de cartes et demande-lui d'en choisir 9 au hasard. Remets le reste du paquet à ton complice, l'air de rien.

3 Dépose les cartes sur une table, en trois colonnes, tel qu'illustré.

4 Demande maintenant au spectateur de désigner une carte de son choix, sur la table, mais seulement lorsque tu auras quitté les lieux quelques instants.

5 Sors de la pièce où se passe ton spectacle.

6 Ton complice devra être attentif à la carte qui sera désignée.

7 Reviens, regarde du coin de l'œil ce que ton complice t'indique avec son pouce sur le paquet de cartes.

8 Imagine-toi la surface du paquet marquée de neuf cases représentant chacune des cartes déposées sur la table. Si le pouce de ton complice se trouve au centre du paquet, c'est que la carte du milieu a été choisie. Si son pouce est à droite, en bas, c'est que la carte correspondante a été choisie, et ainsi de suite...

 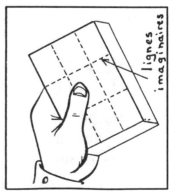

Table des matières

TABLE DES MATIÈRES

NOTES

Achevé d'imprimer en novembre 2006
sur les presses de Marquis Imprimeur